LE CLUB
DE VALOIS

PRÉSIDÉ

PAR LE DUC D'ORLÉANS.

SON INFLUENCE

SUR LA RÉVOLUTION FRANÇAISE DE 1789, ET CELLES QUI LUI
ONT SUCCÉDÉ JUSQU'A NOS JOURS.

PRÉCÉDÉ

DE L'ORIGINE DE CES RÉVOLUTIONS.

PAR BLANDIN JEUNE.

Première livraison *et 2ᵉ livraison*

PARIS,

CONSTANT CHANTPIE, DÉPOSITAIRE,

RUE SAINT-DENIS, N. 380.

1835.

LE CLUB

DE VALOIS,

PRÉSIDÉ

PAR LE DUC D'ORLÉANS.

SON INFLUENCE

SUR LA RÉVOLUTION FRANÇAISE DE 1789 ET CELLES QUI LUI ONT SUCCÉDÉ JUSQU'A NOS JOURS ;

PRÉCÉDÉ

DE L'ORIGINE DE CES RÉVOLUTIONS.

PAR BLANDIN JEUNE.

PROSPECTUS.

Comme les vérités de l'histoire sont les seuls moyens de détruire les préventions et les haines dont les funestes résultats portent la division dans toutes les classes de la société et même jusqu'au sein des familles ; comme cette source de calamités compromet tous les intérêts et entrave les progrès des lumières de la civilisation et de la liberté dans les deux hémisphères, en donnant des motifs ou des prétextes au despotisme, ainsi qu'aux gouvernemens étrangers les moyens de préparer notre asservissement en nous armant les uns contre les autres : j'ai consacré des années à rechercer les causes de tous ces malheurs et les moyens d'y remédier.

Je crois avoir trouvé la source des haines de partis qui augmentent chaque jour en France, dans les traditions fausses ou exagérées de nos pères sur les événemens de leur temps, et la manière dont les écrivains de l'époque nous les ont transmis. En effet, ils ont écrit ou raconté les mêmes événemens de tant de manières qu'il est impossible de rien définir ni comprendre.

La plupart des historiens de cette époque ont achevé de nous plonger dans le chaos en écrivant selon leurs principes ou leurs opinions, et souvent dans un autre but que celui de nous éclairer, et plus souvent encore pour se justifier ou justifier les hommes de leurs partis. Et cette fâcheuse conséquence expose les générations futures à tomber dans les mêmes erreurs du passé.

Enfin, les autres écrivains qui sont dans la même catégorie, ce sont encore les adulateurs et apologistes qui n'écrivent que pour accuser sans donner de preuves aux accusations, ni les rechercher, ce que l'on trouve trop souvent dans les écrits de ceux qui sont à la fois hommes politiques et historiens.

Il est des écrivains plus pernicieux encore : ce sont ceux qui, sous prétexte de rectifier l'histoire, la dénaturent complètement sous des influence coupables.

Il est donc évident que plus on écrira l'histoire en copiant ces historiens, et plus nous entrerons dans les ténèbres, quelque bonne volonté que l'on mette à se rendre utile.

Après avoir bien étudié, j'aurais reculé devant tant d'incidens si le hasard ne m'avait rendu dépositaire de documens inconnus qui pourront peut-être jeter des lumières sur le passé.

La possession de ces documens m'a suggéré l'idée d'écrire l'histoire sur un nouveau plan, non pour en faire un sujet de scandale ni de trouble, mais pour tâcher d'éteindre d'injustes ressentimens entre les hommes et les enfans de ceux qui ont figuré dans les scènes politiques de nos révolutions.

Je ne fais pas non plus de l'histoire une compilation de récits d'événemens détachés ou isolés; je lie au contraire toutes les circonstances à leurs causes après avoir remonté à leur origine.

En écrivant l'histoire de France comme je viens de l'exposer, en écrivain impartial, je dois donc ne me prononcer ni comme ami ni comme ennemi des hommes de partis. Cependant je dois signaler leurs fautes pour que nous puissions les éviter; mais aussi je consignerai indistinctement, et sans avoir égard aux différens caractères politiques, leurs traits de courage, d'humanité et des autres vertus, parce qu'il appartient à l'honneur national d'être vengé des outrages que les gouvernemens étrangers ont voulu lui porter.

Nota. Les titres de l'ouvrage seront donnés avec le dernier numéro de chaque volume, signés et paraphés par l'auteur. On y joindra aussi une couverture sur beau papier.

MODE DE PUBLICATION.

Cet important ouvrage, renfermant les événemens de la Révolution française depuis 1787 jusqu'au 21 janvier 1793, formera 3 vol. in-8° de 400 pages, sera imprimé avec des caractères neufs et sur beau papier satiné

La première livraison paraîtra le 20 de ce mois ; la seconde le 30 ; la troisième le 15 mars ; la quatrième le 1ᵉʳ avril, et ainsi de suite de quinzaine en quinzaine.

Le prix de chaque livrison, composée de 3 feuilles (48 pages), sera de 60 cent. Chaque volume complet sera payé 6 fr.

On souscrit à Paris, chez

JULES LAISNÉ, libraire, passage Véro-Dodat, 1.
POSTEL, rue du Roule, 4.
GRIMPRELLE, libraire, rue Poissonnière, 25.
Mᵐᵉ DESCHAMPS, galerie Vivienne, 7.
FERRIER, passage Bourg-l'Abbé, 18.
LECOINTE ET POUGIN, libraires, quai des Augustins, 49.
PAUL, galerie de l'Odéon.
Mesdemoislles LABBÉ, rue de la Verrerie, 59.
HERBAULT, rue du Bac, 4.
CONSTANT CHANTPIE, rue Saint-Denis, 380.
Mᵐᵉ SIMON, galerie de l'Odéon.
Et dans tous les cabinets littéraires.

IMPRIMERIE DE PETIT, RUE SAINT-DENIS, n. 380.

PRÉFACE.

L'ouvrage que je publie n'a pour but ni de servir les partis ni de surprendre la bonne foi, soit par des subtilités métaphysiques, soit en faisant une compilation de faits propres à flatter les affections du peuple en les coloriant des prestiges de l'éloquence.

Je n'ai d'autre ambition que de répandre des lumières et des exemples utiles. Loin de vouloir intéresser la lecture de mon ouvrage en jetant les fleurs de la rhétorique sur la monotonie et l'aridité du style historique, je me bornerai à l'écrire en forme de journal pour régulariser les dates des événemens que l'on trouve si souvent déplacés et dans un sens contraire, soit en faisant de l'histoire de récits d'événemens détachés et sans rapporter leurs causes ni les effets qui les ont suivis, soit en faisant de l'histoire un système politique, un sujet de spéculation, de justification ou d'accusation, et enfin, en écrivant sans documens authentiques, ce qui réduit souvent les historiens à des conjectures selon leurs opinions ou leur position sociale.

Étant dépositaire de documens inconnus jusqu'à ce jour, je tâcherai de les utiliser en les appliquant aux événemens que je retracerai sur une nouvelle méthode.

Le sujet de ma publication n'a donc d'autre but que d'utiliser l'étude de l'histoire et retirer les vérités du chaos où trop souvent un trafic honteux des lettres, la haine et l'esprit de parti les ont plongées en privant la société et les générations futures des exemples du passé.

L'impartialité me fait aussi un devoir d'écrire sans passion, et rien ne pourra m'en écarter. Si, dans le cours de mon ouvrage, j'étais obligé de parler des hommes qui ont eu le malheur de commettre des fautes ou des excès dans nos révolutions, je ne me rendrai ni leur accusateur ni leur juge, chacun sera jugé par ses aveux mêmes ou ses écrits, afin que ceux qui sont jugés diversement puissent être justement appréciés, et pour qu'à l'avenir les hommes revêtus du beau caractère de la représentation nationale, ne soient plus calomniés, justifiés ou favorisés dans les opérations électorales.

Dans mes éclaircissemens historiques, si quelquefois je faisais des citations à leur égard, je n'invoquerais ni les accusations, ni les témoignages de leurs adversaires.

Comme les préventions et les haines peuvent aussi flétrir la mémoire de l'homme le mieux intentionné, aucune accusation ne trouvera place dans mon ouvrage, sans que je joigne, autant que cela sera à mon pouvoir, les moyens de justification de l'accusé.

Après avoir rempli scrupuleusement cette partie si importante et si difficile de notre histoire, et que dans toutes les classes on puisse enfin juger des avantages ou de la décadence de leurs droits civils dans les divers changemens de constitutions qui se sont succédées depuis 1789, du but et de la nécessité des lois ainsi que des causes qui les ont provoquées ou produites, je donnerai le texte précis des débats de nos législateurs, de leurs décisions, ordonnances et décrets.

En écrivant l'histoire avec cette nouvelle méthode, j'espère m'affranchir de la critique des hommes impartiaux ainsi que des importunités de la polémique. Si je compromettais par hasard quelques noms et des intérêts, tous les moyens pour les contester céderont devant la vérité.

Je rapporterai aussi fort souvent les événemens heure par heure, parce que j'ai été à même de remarquer que de simples transpositions dénaturent complétement les faits, et que la manière de les transmettre a une telle influence sur l'état social et la destinée future des nations, que rien ne me semble plus condamnable que de les déguiser, car les déceptions en histoire n'ont pas seulement l'inconvénient de mettre l'innocent à la place du coupable, de rendre les hommes injustes et préventifs, d'enfanter la discorde, de retarder les lumières et la civilisation ; mais encore d'empêcher la stabilité.

Pour tâcher de prévenir tous ces fâcheux résultats, j'écris non seulement l'histoire politique depuis 1787 jusqu'au 21 janvier 1793, mais encore l'*Histoire morale et philosophique* de ces six années, en ajoutant aux époques les plus mémorables un tableau synoptique des mouvemens du globe sous le rapport *moral, politique et physique.*

Cette lacune, et quelques autres encore dans notre histoire, et la partialité des écrivains, font que les hommes sages et éclairés des autres nations n'ont pu tirer un parti aussi désirable que nécessaire de nos révolutions pour hâter les progrès de leur liberté en évitant nos fautes.

Efforçons-nous donc, au nom de la liberté, qui est plus chère que la vie, de faire abnégation de nos intérêts et même de nos affections pour rendre justice à tous les caractères ; car la calomnie est l'arme du coupable, et l'éloge d'un ennemi, celle de l'homme fort et du vrai citoyen.

Que l'amour de la liberté fasse donc cesser nos passions et les germes de nos discordes ! Resterons-nous en arrière des peuples du nord et des Anglais? Les peuples du nord, lorsqu'ils sont vaincus, avouent qu'ils le sont ; ils ont élevé les Français jusqu'au faîte de la gloire lorsqu'ils étaient leurs adversaires, et pouvaient-ils, en effet, pour exciter le patriotisme, lui donner de plus beaux exemples à suivre ou imiter que ceux de leurs ennemis ?

Les Anglais ont été coupables comme nous

l'avons été en 1793 ; mais pour le bien de leur pays, pour se donner et affermir la constitution qui les régit et les a soutenus jusqu'à présent contre la conjuration de tant d'orages, ceux qui avaient commis des erreurs ont avoué leurs fautes jusque dans leurs écrits, et en les avouant, ils se sont placés au rang des hommes les plus vertueux.

Cet exemple est demandé à tous les hommes libres et amis de l'humanité; quel est le Français qui ne soit prêt à obéir et à faire revivre ces articles d'un projet de droits attribué cependant à M. de Robespierre ; mais qui ne furent pas malheureusement adoptés, et dont on ne peut se consoler qu'en pensant qu'ils auraient peut-être été illusoires comme ceux placés, à la même époque, en tête de la constitution. Voici ces articles.

« Les hommes de tous les pays sont frères, et les différens peuples doivent s'entre aider, selon leur pouvoir, comme les citoyens du même état. »

« Celui qui opprime une seule nation, se déclare l'ennemi de toutes. »

Nota. Les mots soulignés que l'on trouvera dans la seconde livraison, indiqueront les noms des membres du club de Valois qui auront déjà été mentionnés, afin d'éviter la répétion de leur qualification de membre du club.

ORIGINE

DE

LA RÉVOLUTION FRANÇAISE

DE 1789.

La situation de la France en 1787 présenta l'occasion la plus favorable aux projets de ceux qui méditaient depuis long‑temps le renversement de la dynastie régnante.

Les dépenses de l'état surpassaient les recettes d'environ cent dix millions, déficit provenant des guerres longues et ruineuses sous les règnes précédens et des sacrifices nécessités sous Louis XVI pour la cause si glorieuse de l'indépendance de l'Amérique, qui exigea dans nos ports l'armement de plusieurs escadres qu'il fallut pour ainsi dire créer **pour le triomphe de la liberté** dans le nouveau monde, protéger notre commerce contre les **Anglais,** faire respecter notre pavillon et la dignité nationale.

Cette guerre contre l'oppression fit bénir le nom français; mais surchargea l'état d'un fardeau énorme. La fatale régence du duc d'Orléans, second fils de Louis XIV, pendant la minorité de Louis XV, héritier de la couronne, ne fut pas une des causes qui contribua le moins à la situation déplorable où se trouvait le gouvernement; d'abord par l'ascendant que lui donnèrent les parlemens, qui espéraient devenir absolus à la faveur de la dissolution de ses mœurs. Par l'alliance du 2 août 1718 qu'il fit avec l'Angleterre, la Hollande et l'Allemagne contre Philippe V, fils de Louis XIV, alors roi d'Espagne, par le testament de Charles II, et dont on accusait le régent d'ambitionner la couronne pour sa famille, la branche cadette; alliance impolitique et monstrueuse contre un enfant de France et la puissance qui était le plus sincèrement alliée aux Français, et au moment où elle allait mettre un juste équilibre à la politique de l'Europe par la force de ses armes et prescrire des bornes à la puissance maritime de l'Angleterre, ainsi qu'à celle de Charles VI, empereur d'Allemagne sur le continent, en recouvrant sur lui la Savoie et la Sicile détachées de la couronne d'Espagne par le traité d'Utrecht, de même que Port-Mahon et Gibraltar sur les Anglais, dont l'orgueil accorda à peine le droit de pêche à la France.

Et c'est avec l'Angleterre, notre plus cruel ennemi, que le régent s'allia pour défendre une cause contraire à nos intérêts, et qui donna à cette puissance ce haut degré d'influence politique dont nous avons tant ressenti et ressentons encore aujourd'hui les pernicieux effets. Ainsi la France perdit, pour une combinaison du duc d'Orléans, la suprématie qu'elle avait sur les mers et le continent.

Cette fatale alliance donna aussi aux Anglais et à nos autres ennemis les moyens de nous résister, comme on l'a vu dans la guerre de 1733, et celle de 1740, qui dura sans interruption jusqu'au 10 février 1763, où les Français eurent à combattre contre toute l'Europe, et eussent infailliblement succombé sans le génie et la bravoure des illustres généraux de l'époque, l'héroïsme de leurs soldats et la fidélité de l'Espagne.

Nous devons encore à la régence du duc d'Orléans le système désastreux d'un Anglais, le fameux Law, qui fit disparaître le numéraire de France, ruina des milliers de familles par son papier-monnaie, porta un coup mortel à notre commerce dans l'Inde, et laissa une dette énorme à l'état, ce qui réduisit le régent à avoir recours à un expédient honteux qui mit le comble à la perte de nos finances, en nivelant les créanciers du gouvernement aux besoins des circonstances, espèce de spoliation qui laissa encore un fardeau de dix-sept cent millions à la France.

D'autres conséquences de la régence ont encore amené la décadence de la monarchie, et plus tard la chute de Louis XVI : ce sont le scandale et les vices honteux dont le régent faisait parade, et qu'il introduisit dans la cour par son exemple, et de la cour jusqu'aux dernières classes de la société. C'est encore par ses libéralités envers quelques hommes de lettres, dont la plupart consacrèrent leurs plumes à ses actions militaires et à lui préparer le chemin jusqu'à la couronne de France, que des causes antérieures et assez singulières lui donnaient lieu d'espérer.

1º Par les divisions en faveur de la branche d'Orléans dans la noblesse, le parlement et l'armée, dont la source remontait à l'époque où un Gaston d'Orléans conspira contre le trône en se mettant à la tête des protestans et des étrangers contre Louis XIII; ce qui laissa dans les souvenirs des germes de discordes et de vengeances qui faillirent perdre Louis XIV, ensuite Louis XV, et dont Louis XVI enfin devint la victime :

2° Par le droit de naissance du régent, comme premier prince du sang, après le dauphin ;

3° Par la mort de Monsieur, frère de Louis XIV, en 1701 ;

4° Par la mort prématurée de N., duc de Bourgogne, en 1705 ;

5° Par la mort subite du dauphin, fils unique et héritier de Louis XIV avant le régent, en 1711 ;

6° Par la mort des cinq fils du précédent en bas âges ;

7° Par la mort prématurée de Marie-Anne de Savoie, épouse du dauphin, duc de Bourgogne, le 12 février 1712 ;

8° Par la mort prématurée du dauphin, duc de Bourgogne, six jours après son épouse, le 18 février 1712 ;

9° Par la mort singulière du duc de Berri, à l'âge de 28 ans, en 1714 ;

En sorte qu'il ne restait plus, pour l'extinction totale, dans la ligne directe de succession de la branche aînée que le duc d'Anjou, depuis Louis XV, dont on a eu tant de peine à prolonger les jours, et auquel on a tant de fois attenté par le poison et d'autres moyens.

Il ne fallait donc plus que la mort du duc d'Anjou pour que le diadême passât dans la branche cadette, en commençant par le régent qui vivait alors.

J'emprunte l'article suivant à la *Biographie Universelle ancienne et moderne*, édition de Michaut, T. 52, p.110, relativement à la renonciation à la couronne d'Espagne par le régent, comme applicable à la circonstance :

« Dans l'oisiveté où il s'était vu souvent condamné, il se livra à l'étude de la chimie, et on l'avait vu souvent travailler à des préparations dont l'objet était ignoré, lorsque le dauphin, le duc et la duchesse de Bourgogne et leur fils aîné moururent dans l'espace d'une année, presque subitement. »

Je ne suis pas cette Biographie, écrite par une société de savans ; je reporte le lecteur à cet ouvrage, qui s'étend plus loin sur le même sujet.

J'en reviens au mien. Le duc d'Anjou ayant échappé d'une manière miraculeuse à tous les dangers, laissa des enfans mâles qui héritèrent à la couronne de leur père, de manière qu'en 1787 il ne restait plus d'espoir à la branche d'Orléans pour arriver au trône par ordre de succession, à cause de la pépinière d'héritiers de la branche aînée.

Mais le trône alors était environné de factions, comme nous aurons lieu de le remarquer plus loin. Les entraves se multipliaient chaque jour dans toutes les parties administratives; la pénurie de numéraire augmentait encore le mal. Cependant Louis XVI eût triomphé de cet obstacle, si l'égoïsme et les intrigues n'eussent rompu au fur et à mesure les moyens de salut entre la nation et le monarque.

Il paraît que depuis long-temps Louis XVI avait arrêté un plan de conduite tendant à remédier à la fois aux finances, aux lois et abus qui pesaient sur le peuple, puisque, dès le 26 décembre 1786, il avait ordonné la convocation d'une assemblée de notables, dont les membres étaient pris dans les diverses conditions des habitans de Paris et des provinces, pour régler avec lui les impôts et coopérer à la formation d'un nouveau code.

Les lettres de convocation, signées du roi, étaient datées du 26 décembre, et elle eut lieu définitivement le 13 janvier 1787.

Comme M. de Calonne, contrôleur des finances, avait prévu qu'il éprouverait de l'opposition pour la réforme des abus de la part des privilégiés et des villes affranchies qui étaient régies par des lois d'exception, ainsi qu'à de hautes remontrances de la part des parlemens,

peu disposés à faire le sacrifice de leurs priviléges ni de leur autorité, qui pesait à la fois
et sur la nation et sur le trône, en disposant à
leurs caprices du sceau des lois qui était nécessaire à la validité des décrets pour l'exécution
des lois, M. le contrôleur des finances enga-
gea Louis XVI de convoquer les notables à
Versailles, alors lieu de résidence de la famille
royale, afin d'en imposer par sa présence à ceux
qui s'opposeraient aux réformes et contre les
intérêts publics, et Louis XVI adopta cet avis.

ASSEMBLÉES DES NOTABLES.

Première assemblée des Notables.

Le 22 février 1787, les notables tinrent
leur première séance, et elle eut lieu avec so-
lennité.

Louis XVI se rendit à l'assemblée en ha-
bit de cérémonie, vers les onze heures du
matin, et prononça le discours suivant :

« Messieurs, je vous ai choisis dans diffé-
« rens ordres de l'état et je vous ai rassem-
« blés autour de moi pour vous faire part
« de mes projets.

« C'est ainsi qu'en ont usé plusieurs de mes
« ancêtres , et notamment le chef de ma bran-

« che, dont le nom est resté cher à tous les
« Français, et dont je me ferai gloire de sui-
« vre tous les exemples [1].

« Les projets qui vous seront communiqués
« de ma part sont grands et importans : d'une
« part, améliorer les revenus de l'état et as-
« surer leur libération entière pour une ré-
« partition plus égale des impositions ; de
« l'autre, libérer le commerce des différentes
« entraves qui en gênent la circulation, et
« soulager, autant que les circonstances me
« le permettent, la partie la plus indigente de
« mes sujets : telles sont, Messieurs, les vues
« dont je suis occupé, et auxquelles je me
« suis fixé après un mûr examen. Comme
« elles tendent toutes au bien public, et con-
« naissant le zèle dont vous êtes tous animés
« pour mon service, je n'ai point craint de
« vous consulter sur leur exécution ; j'enten-
« drai et examinerai attentivement les obser-
« vations dont vous les croirez susceptibles.
« Je compte que vos soins conspirant tous
« au même but, s'accorderont facilement, et
« qu'aucun intérêt particulier ne s'élèvera
« contre l'intérêt général. »

[1] Henri IV.

1. 2.

Les applaudissemens et les cris de vive le roi retentirent dans la salle.

Après le discours du Roi, M. le garde des sceaux annonça à l'assemblée, de la part de Sa Majesté, qu'elle était autorisée à prendre séance.

M. de Calonne parla ensuite de la situation de l'état et de celle des finances en particulier. Il exposa les améliorations depuis 1785, époque où toutes les caisses étaient vides, tous les effets publics baissés, l'alarme générale, la confiance détruite.

M. le garde des sceaux, après que le roi eut reçu les complimens de l'assemblée, annonça qu'il venait de prendre les ordres de sa Majesté, et qu'il était chargé de dire de sa part, que quand les commissaires du roi auraient remis aux notables les objets à discuter, l'assemblée se diviserait en sept bureaux. M. le garde des sceaux annonça ensuite, que le roi désirait que dans les assemblées générales et dans les bureaux on prît les voix par tête et non par ordre, et que l'on commençât par ceux qui seraient les derniers en séance, c'est-à-dire par les non privilégiés. Il termina en disant que le lendemain l'assemblée attendrait les propositions de Sa Majesté.

Deuxième assemblée des Notables.

Le 23 février, Messieurs les commissaires du roi ayant remis les objets à discuter à l'assemblée, elle forma sept bureaux, et dans les dispositions suivantes :

1er Bureau, présidé par Monsieur, frère du roi.

2me Bureau, présidé par M. le comte d'Artois, frère du roi.

3me Bureau, présidé par le duc d'Orléans.

4me Bureau, présidé par le prince de Condé.

5me Bureau, présidé par le duc de Bourbon.

6me Bureau, présidé par le prince de Conti.

7me Bureau, présidé par le duc de Penthièvre.

Le travail donné par le roi à discuter dans les bureaux, d'après le plan qu'il avait formé, était divisé en six mémoires et par divisions.

PREMIÈRE DIVISION.

PREMIER MÉMOIRE.

L'établissement des assemblées Provinciales.

Pour faire disparaître le défaut de propor-tion et l'arbitraire dans la répartition des charges publiques, afin que les contribuables pussent eux-mêmes participer au travail des contributions ;

Pour réformer les imperfections de l'administration existante, le roi proposa d'établir dans toutes les provinces où il n'était pas d'usage de convoquer les États, des assemblées toujours électives, devant se renouveller tous les trois ans, représenter l'universalité et être composées de membres pris dans tous les états indistinctement.

Ces assemblées avaient trois degrés. Le premier dans les paroisses et campagnes ;

Le deuxième dans les districts formés par l'arrondissement ;

Le troisième dans la réception des représentans de toutes les provinces.

De manière qu'il y avait des assemblées de trois espèces.

Dans la première, les assemblées paroissiales et municipales, composées de propriétaires dont les intérêts ne pouvaient jamais être séparés de ceux du lieu où étaient situées leurs propriétés, étant seuls instruits de leurs facultés réciproques et du besoin de leur communauté.

Par cette nouvelle disposition administra-

tive, les membres choisis par le roi et les ministres, qui avaient alors le droit de nommer
leur coopérateur et leur successeur, se trouvaient supprimés et remplacés.

Dans la seconde, les assemblées de districts
formées des députés des villes et provinces
de leur arrondissement.

Nouvelles dispositions administratives qui
supprimaient et remplaçaient les présidences
perpétuelles.

Dans la troisième, les assemblées provinciales, composées de députés choisis par les
districts.

Nouvelle disposition administrative qui
ôtait aux administrations existantes, leur autorité exécutive et leur juridiction sur la répartition des impôts.

DEUXIÈME MÉMOIRE.

L'Impôt territorial.

Pour faire cesser tous les prétextes de mésintelligence entre les privilégiés et non privilégiés, et donner à la nation une égalité et liberté
si nécessaires à son bonheur, attendu que cet

impôt n'admettait aucune exception entre le
roi et le berger, le prince et l'artisan.

TROISIÈME MÉMOIRE.

Le remboursement du Clergé.

Pour mettre le clergé dans la possibilité de
juger l'impôt territorial; attendu qu'il était
obéré par les avances et dépenses faites à
l'Etat pour la guerre de l'indépendance de
l'Amérique, et pendant la disette et les froids
rigoureux des années précédentes.

QUATRIÈME MÉMOIRE.

La Taille sur les propriétés et autres.

Pour que la taille, convertie depuis en impôt mobilier, immobilier et personnel, tour-
nât à l'avantage de la classe la moins aisée,
le roi fit les propositions suivantes :

Que désormais on ne pourrait être taxé
pour la taille personnelle au-delà d'un sou
par livre, sur les revenus, profits et facultés
qui y étaient assujettis;

Que les cotes des artisans et journaliers,

qui dans plusieurs endroits étaient portées à un taux excessif, ne pussent à l'avenir, et dans tout le royaume, excéder la valeur d'une de leur journée par chaque année.

Pour que le rejet de ces déductions ne surchargeât pas les propriétés foncières soumises à la taille réelle, le roi proposa que l'on accordât la diminution d'un dixième sur le principal de la taille dans tout le royaume.

Pour les non valeurs, le roi proposa que l'on accordât chaque année aux paroisses de campagne une somme égale au vingtième de leur taille, en faveur des petits propriétaires et des malheureux qui se trouveraient réduits à ne pouvoir payer leur impôt.

CINQUIÈME MÉMOIRE.

Du commerce des Grains.

Le roi demanda la libre circulation des grains dans l'intérieur du royaume en se conformant à une loi sur l'exportation ; afin que les propriétaires et cultivateurs pussent disposer du fruit de leurs travaux et avances, et que les fermiers dans les lieux producteurs pussent aussi trouver des débouchés et la vente de leurs moissons, et qu'en même temps le peuple dans les lieux consommateurs ou non producteurs éprouvât une amélioration dans le prix du pain.

SIXIÈME MÉMOIRE.

De la Corvée.

Le roi en demanda l'abolition comme le fléau des campagnes et qui condamnait à un travail gratuit ceux qui ne vivaient qu'en travaillant.

Troisième assemblée des Notables.

Le 12 mars, M. de Calonne présenta à l'assemblée de nouveaux projets de la part de Sa Majesté, pour être discutés; ils formaient une seconde division répartie en huit mémoires.

DEUXIÈME DIVISION.

PREMIER MÉMOIRE.

Sur la réformation des droits de traites, convertis depuis en droits d'entrées et de sorties.

Sur l'abolition des barrières intérieures, et l'établissement d'un tarif uniforme aux frontières.

Sur la suppression de plusieurs droits d'aides, comme nuisibles au commerce. Convertis depuis en impôt sur les boissons.

DEUXIÈME MÉMOIRE.

Sur la suppression des droits de marques sur les fers.

TROISIÈME MÉMOIRE.

Sur la suppression des droits de subvention par doublement.

Sur la suppression des droits de jauge, courtage, et plusieurs autres droits d'aides que l'on percevait sur la circulation.

QUATRIÈME MÉMOIRE.

Sur la suppression des droits de fabrication sur les huiles et savons dans tout le royaume.

CINQUIÈME MÉMOIRE.

Sur la suppression des droits d'ancrage,

sur les navires français. Celle de lestage, celle de sept à huit sous par livre, et d'autres droits imposés sur le commerce maritime et la pêche.

SIXIÈME MÉMOIRE.

Sur le tarif des droits à acquitter à l'avenir sur les marchandises coloniales.

SEPTIÈME MÉMOIRE.

Sur la modification dans la jouissance des priviléges qui étaient accordés à quelques provinces sur l'impôt du tabac.

HUITIÈME MÉMOIRE.

Sur la suppression de la gabelle, convertie en droit sur les sels depuis sa suppression.

Tels étaient les objets de réforme et d'amélioration soumis par Louis XVI aux notables.

Le premier bureau, présidé par Monsieur, répondit aux propositions du roi, que les changemens considérables et subits dans la nature et la forme des impositions présentaient de grands inconvéniens.

Le deuxième bureau, présidé par M. le

comte d'Artois, opina d'une manière plus favorable aux intentions de Louis XVI; il n'y eut guère d'opposition que de la part de M. Lafayette.

Le troisième bureau, présidé par le duc d'Orléans, montra une opposition absolue aux changemens demandés par Louis XVI. Il dit qu'il croyait devoir déclarer qu'il n'avait délibéré sur aucun impôt en argent perçu ou à percevoir, établi ou à établir, etc. Il déclara en outre l'établissement des assemblées provinciales comme inconstitutionnel, et comme étant privées des pouvoirs nécessaires pour les rendre utiles. Il considérait l'impôt territorial (tel qu'il est établi aujourd'hui) comme indéfini et dispendieux, et le remboursement de la dette du clergé, comme contraire au principe de la propriété.

Les autres bureaux montrèrent aussi plus ou moins de résistance.

Quatrième assemblée des Notables.

Le 29 mars, tous les princes, excepté le duc d'Orléans, et toutes les notabilités assistèrent à cette séance.

Le roi fit remarquer à l'assemblée, par

l'organe de M. de Calonne, les vices incroya-
bles des lois qui se succédaient, et qui, contraires les unes aux autres, se choquaient et
se détruisaient entr'elles, depuis l'ordonnance
de 1566, qui semblait avoir servi de règle à
cette matière.

M. le comte d'Artois annonça ensuite, de la
part du roi, que Sa Majesté offrait ses do-
maines à l'utilité publique et joignait à ses
forêts les moyens de les faire reproduire
pour assurer au peuple une plus grande
abondance de bois.

Le même jour, M. de Calonne, qui se trouvait en butte aux tracasseries des privilégiés, et de tous les partis, fut obligé d'aban-
donner les affaires. Il fut remplacé aux finances par M. Bouvart de Fouqueux.

Cinquième assemblée des Notables.

Le 23 avril, Louis XVI se rendit à l'assemblée, adressa des félicitations aux notables, et
particulièrement au clergé, pour l'empresse-
ment qu'il avait mis à déclarer qu'il ne préten-
dait aucune exemption sur les contributions
et autres charges de l'état.

Il annonça ensuite, qu'il avait donné des

ordres pour la rédaction de la loi sur les assemblées provinciales.

Relativement au déficit, il proposa, pour l'acquitter, une imposition sur le timbre, comme n'atteignant que les classes riches et ne pesant que d'une manière peu sensible sur les autres.

Pour la liquidation des remboursemens à époques fixes qui, chaque jour, ne faisaient qu'accroître le déficit, il proposa un emprunt de cinquante millions par année, pendant quatre ans seulement, toujours en diminuant, et dans l'ordre suivant :

Dans la 1re année, de 50 millions.

Dans la 2me année, de 50 millions.

Dans la 3me année, de 50 millions.

Dans la 4me année, de 50 millions.

Dans la 5me année, de 40 millions.

Dans la 6me année, de 40 millions.

Dans la 7me année, de 35 millions.

Dans la 8me année, de 24 millions.

Dans la 9me année, de 24 millions.

Dans la 10me année, de 24 millions.

En sorte qu'en diminuant, la libération de l'état, sur les remboursemens à époques fixes, se serait effectuée, comme on le voit, au bout de 25 ans, à cent mille francs près.

Le 1er mai 1787, la proposition du roi sur le timbre ayant été rejetée comme ruineuse, M. Bouvar de Fouqueux fut obligé de se retirer; M. Loménié de Brienne le remplaça.

Sixième et dernière assemblée des Notables.

Le 25 mai, le roi se rendit à la séance de clôture et fit le compliment d'usage : l'assemblée le complimenta à son tour ; mais pour son ardent amour pour le peuple ; d'avoir aboli la corvée, formé des assemblées provinciales dans lesquelles le nombre des membres du tiers-état était égal aux ordres de la noblesse et du clergé réunis ; d'avoir reculé les barrières jusqu'aux frontières et supprimé celles de l'intérieur ; d'avoir diminué les impôts sur le bas peuple, et enfin pour tout ce qu'il avait fait pour son bonheur.

Après la session, il restait encore malheureusement à établir l'emprunt progressif demandé le 23 avril, pour purger le déficit des remboursemens à époques fixes.

Il restait aussi à enregistrer par le parlement de Paris les lois ou édits que le monarque avait demandés ; mais on pense bien que

ce parlement, composé des plus riches privilégiés, comme ceux des provinces, s'opposa à
l'enregistrement des édits qui lui imposaient
des impôts, des restrictions, et faisaient passer son autorité souveraine entre les mains
du peuple.

Et pour ne pas se dessaisir d'un pouvoir arbitraire et tyrannique, puisque sa juridiction
devait se renfermer dans la justice criminelle,
il feignit de prendre les intérêts du peuple,
de résister pour lui contre l'arbitraire, en
supposant que les lois et la nouvelle répartition des impôts étaient une véritable prodi-
galité destinée aux courtisans.

Avec de tels argumens, il espérait conserver
ses priviléges ; et les affaires en étaient dans
cette situation, lorsque les notables profitè-
rent de la session pour retourner dans leurs
foyers.

Prudhomme rapporte un fait qui se passa
sous ses yeux et dans les bureaux de son journal, la *Révolution de Paris*, de la part d'un
membre influent d'un parlement de Provence
à l'occasion de son départ.

L'article de M. Prudhomme est ainsi
conçu :

M. de Saint-Seine, premier président du

parlement de Dijon, fit ses adieux pour retourner dans sa province ; il dit au bureau de la *Révolution de Paris* : « Nous laissons le roi « en mavais état. — Il n'y a que le clergé qui « pourrait retirer le roi de ce mauvais pas ; « mais il est peu disposé. — Que le roi fasse « comme il pourra. »

Voyez l'*Histoire impartiale et générale* de cet auteur, T. III, page 61.

SESSION DES NOTABLES.

Le 6 juillet, le roi ayant fait demander au parlement de Paris l'enregistrement des édits portant un impôt sur le timbre, et sur la subvention territoriale, afin de remplacer par ce dernier impôt, la perception des deux vingtièmes et quatre sous pour livre du premier vingtième, le parlement refusa l'enregistrement, en demandant la convocation des états-généraux, comme seuls compétens pour voter les impôts.

Le peuple, auquel on voulait faire voir dans les réformes des surcharges d'impôts, et les commerçans voyant avec peine une loi sur le timbre, approuvèrent les parlemens sur la demande des états-généraux.

Voici comment M. Antoine Fantin-Déso-
doards, dans son Histoire philosophique de la
Révolution de France, T. I, p. 69, présente
le refus du parlement et sa demande sur les
états.

« Cet acte de fermeté conciliait aux parle-
« mens la faveur publique..... On commen-
« çait alors à soudoyer dans les faubourgs une
« multitude de gens sans aveu qui aiment l'oi-
« siveté, le bruit et le désordre. Ils se rendaient
» assidûment au palais, comme on les vit se
« rendre assidûment dans la suite, aux tribunes
« de l'assemblée constituante et de la conven-
« tion. Ils encourageaient les magistrats par
« des vociférations bruyantes, à persister dans
« leur opposition aux volontés de la cour. Des
« couronnes de chêne étaient offertes aux pré-
« sidens et aux conseillers qui montraient le
« plus d'énergie. Quelquefois les prenant sur
« leurs bras, lorsqu'ils sortaient de leur voi-
« ture, ils les portaient en triomphe jusqu'à
« la porte de la grand' chambre. Ce furent pro-
« bablement les mêmes hommes, qui, peu
« d'années après, portèrent Marat en triom-
« phe à la convention, et qui conduisirent à l'é-
« chafaud avec les mêmes imprécations de rage
« ces mêmes magistrats qu'ils avaient couron-

« nés de branches de chêne et décorés du titre
« de défenseurs des droits du peuple.

« On sut dans la suite que l'argent distri-
« bué à ces émissaires sortait des coffres du
« duc d'Orléans. Depuis que l'opinion se pro-
« nonçait en faveur d'un nouvel ordre de
« choses, il se formait des clubs en France à
« l'imitation des clubs anglais. On y parlait
« des états-généraux comme s'ils étaient as-
« semblés et de la liberté comme si elle était
« établie. Un de ces clubs tenait ses séances
« au Palais-Royal. Le duc d'Orléans y avait
« associé un grand nombre de conseillers au
« parlement, quelques-uns desquels jouèrent
« un rôle remarquable sur le théâtre de la ré-
« volution. Aveugles instrumens des passions
« qui leur étaient étrangères, celui qui s'en
« servit, les brisa successivement comme inu-
« tiles, et même comme nuisibles à l'exécution
« de ses projets, à mesure que ses projets ap-
« prochaient de leur maturité. »

Tous les historiens ont parlé des clubs ou
conciliabules tenus au Palais-Royal ; mais au-
cuns n'ont rapproché de la vérité comme Désodoards, ce que l'on verra lorsque je parle-
rai du club de Valois au commencement de 89.

Le 6 août, le roi, espérant déterminer

le parlement de Paris par sa présence à enregistrer ses édits, le manda à Versailles pour
délibérer en séance royale ou lit de justice, et
lui adressa le discours suivant :

« Messieurs, il n'appartient pas à mon par-
« lement de douter de mon pouvoir ni de ce-
« lui que je lui ai confié.

« C'est toujours avec peine que je me dé-
« cide à faire usage de la plénitude de mon au-
« torité et à m'écarter des formes ordinaires.
« Mais mon parlement m'y contraint aujour-
« d'hui, et le salut de l'état, qui est la pre-
« mière des lois, m'en fait un devoir.

« Mon garde des sceaux va vous faire con-
« naître mes intentions. »

Effectivement, ce grand dignitaire, après la
cérémonie d'usage, exposa la situation de l'é-
tat, et la nécessité de donner promptement
l'enregistrement aux édits proposés par le roi
et arrêtés par les notables.

M. d'Aligre, premier président du parlement, au lieu d'obtempérer à la sollicitude
du garde-des-sceaux répondit que l'impôt sur
le timbre était plus désastreux que la gabelle, que cependant Sa Majesté avait con-
damnée

Puis ajouta que, si malgré les supplications

et les représentations de son parlement, le roi croyait devoir employer son pouvoir, son parlement emploierait aussi tout son zèle pour élever la voix contre des imputations dont l'essence serait aussi funeste que la perception serait illégale.

Le refus du parlement ayant fait évanouir les espérances de Louis XVI, M. le garde-des-sceaux, au nom du roi, ordonna au greffier de faire lecture, les portes ouvertes, de l'édit portant suppression des deux vingtièmes et des quatre sous pour livre du premier vingtième, ainsi que de celui de l'établissement d'une subvention territoriale en remplacement des deux vingtièmes supprimés.

M. de Séguier, au nom du parlement, protesta contre le contenu des pièces qui venaient d'être lues ; en sorte qu'il fallut consulter les opinions.

Cette opération étant terminée, et conformément aux avis favorables des princes, des pairs, des maréchaux, des présidens de la cour, des conseillers d'état et maîtres des requêtes, etc., et en présence de toutes les chambres, M. le procureur général du roi ordonna l'enregistrement des édits. Ils le furent en effet ; mais il en résulta les plus fâcheuses conséquences par la ténacité des parlemens.

Le 13 août, les chambres des parlemens étant à Paris, se rétractèrent de l'enregistrement des édits du 6, en déclarant que ce n'était que par déférence pour le roi, qu'elles avaient enregistré l'impôt.

Pour m'abstenir de toute réflexion sur cet événement, je m'en rapporte de nouveau à l'histoire philosophique de M. Désodoards, qui fut témoin des faits de la révolution :

« On avait, dit-il, quelque connaissance à Versailles des mouvemens que se donnait le duc d'Orléans pour augmenter l'effervescence entraînant les Français vers une grande innovation. On savait que dans plusieurs assemblées au Palais-Royal, pendant le silence des nuits, il avait été résolu d'engager le parlement à proclamer ce prince lieutenant-général du royaume. Ce projet bizarre n'était pas mal concerté. L'argent versé à pleines mains dans les faubourgs, assurait aux orléanistes une masse aveugle qu'une main habile pouvait diriger à leur gré. On voulait réunir à ces nombreux émissaires, tous les clercs de procureurs au parlement et au Châtelet, et une multitude d'officiers ministériels attachés aux cours souveraines. Il était facile de gagner cette fougueuse jeunesse, en lui persuadant que les ministres voulaient supprimer de nouveau les cours de justice, et que son audace seule pouvait arrêter cette injustice.

La conspiration devait éclater le 15 août. On sait qu'en exécution d'un vœu formé par Louis XIII, le parlement et la chambre des comptes se rendaient en cérémonie, ce jour-là, dans l'église cathédrale de Notre-Dame, pour assister à une procession solennelle. Des gens apostés devaient offrir, durant la procession, des couronnes de feuillages aux membres du parlement, et les ramener au Palais au bruit de leurs applaudissemens. Dans le même temps la multitude, rassemblée dans les environs du Palais-Royal, se serait précipitée en tumulte vers le Palais-de-Justice ; et tandis que les magistrats, pressés de toutes parts, ne pourraient se soustraire à la sorte de violence qui leur serait fait, les uns les auraient proclamés les pères du peuple, et les autres auraient exigé que, par un arrêt, ils appelassent Necker au timon des finances, et le duc d'Orléans à une dignité qui lui donnât inspection sur les ministres. On ne saurait calculer les suites de ce projet, s'il avait réussi. Le duc d'Orléans pouvait devenir le régulateur du royaume avec le pouvoir dont avaient joui les Guises durant la ligue. Louis XVI se serait trouvé dans la position de Henri III, avec les états de Blois de 1588.

La cour prévint cette crise en exilant le parlement à Troyes, quelques jours avant qu'elle devait s'annoncer. ◆

Le 15 août, le parlement de Paris fut effectivement exilé à Troyes pour sa rétractation du 13.

Le 17, pendant l'absence du parlement, Monsieur, frère de Louis XVI, présenta à la cour des comptes l'édit sur le timbre, pour y être enregistré; il en obtint l'enregistrement, mais avec cette observation : Par exprès commandement du roi. Ce qui signifiait arraché par violence.

Partout le prince reçut l'accueil le plus favorable; on jeta même des fleurs sur son passage parce qu'on lui attribuait la disgrâce de M. de Calonne et qu'il n'était pas dans l'intimité de la reine.

Le même jour, M. le comte d'Artois fut chargé de présenter à la cour des aides l'édit sur la subvention territoriale pour être enregistré. Il en obtint l'enregistrement; mais le public l'accueillit fort mal parce qu'on l'accusait d'avoir concerté avec la reine le rappel de M. de Calonne aux finances.

Cependant, tous les historiens aujourd'hui s'accordent à dire que la reine, au contraire, s'opposa à la nomination de M. de Calonne, et il ne reste plus de doute à cet égard, par le témoignage de Mme Campan.

Le 18, les cours des comptes et des aides se rétractèrent des enregistremens donnés la veille.

Le 21, la cour du Châtelet poussa les choses plus loin, elle arrêta qu'une députation prise dans son sein serait envoyée auprès du roi pour le supplier de rappeler le parlement de Paris.

Les principales cours des parlemens des provinces, à l'exemple de celle de Rennes, demandèrent la révocation des édits sur le timbre et la subvention territoriale, et le rappel du parlement de Paris dans la capitale.

M. Loménie de Brienne n'ayant pu surmonter tant de difficultés, et ne pouvant faire autrement que d'asseoir les impôts sur les propriétés sans distinction, à moins de favoriser les priviléges au préjudice du peuple, proposa, pour remplir les vues de Louis XVI et le retirer du pius cruel embarras , de substituer à l'impôt du timbre et à la subvention territoriale, une prorogation d'un second vingtième jusqu'en 1792.

Le 19 septembre, le parlement de Paris qui, dans son exil à Troyes, voyait son autorité et ses pouvoirs suspendus, leva enfin le masque du stoïcisme, et se décida à enregistrer en parlement à Troyes, la prorogation du second vingtième en remplacement des deux édits bursaux sur le timbre et la subvention territoriale qui furent retirés et annulés.

Le 21, le premier président du parlement remit l'édit au roi avec les formes remplies.

La prorogation du second vingtième était sans doute un objet important à obtenir ; mais il restait encore quelque chose à faire pour arriver à la libération de l'état, ou le mettre à même, en peu d'années, de répondre à ses engagemens, ramener l'ordre dans les finances, se procurer des ressources au trésor et acquitter les remboursemens à époques fixes dont les intérêts arrêtaient et absorbaient tout.

Cet objet, d'où dépendait le salut ou la perte de Louis XVI, et avec sa destinée celle de la France, consistait dans un emprunt de quatre cent vingt millions en actions de cent vingt mille livres pour les années de 1788, 89, 90,

91 et 92, et classés de la manière suivante :

    1re année, de 120 millions.

    2me année, de 90 millions.

    3me année, de 80 millions.

    4me année, de 70 millions.

    5me année, de 60 millions.

Malgré la nécessité, la possibilité et la destination de cet emprunt, Louis XVI savait qu'il éprouverait encore des obstacles, et voici comment il s'y prit pour les lever :

Le 19 novembre, il tint une séance royale à Versailles, et y appela le parlement pour enregistrer l'emprunt successif des quatre cent vingt millions.

La séance se prolongea pendant plus de la moitié de la journée; l'opposition fut vive de part et d'autre. Cependant l'emprunt fut voté.

Quand on en vint à l'enregistrement, le duc d'Orléans s'y opposa en disant que cette forme était illégale, l'énumération des voix n'ayant pas eu lieu avant l'enregistrement. Mais l'enregistrement ayant eu lieu malgré son opposition, il voulut que l'on ajoutât : Par exprès commandement du roi. Il demanda à haute voix à Louis XVI si l'on était en séance royale, ou dans un lit de justice.

Le duc, après avoir accompagné le roi avec

la députation jusqu'au château, retourna à la séance et on délibéra sur ses observations.

Le 20, le parlement, comme à son ordinaire, se rétracta de l'enregistrement donné la veille, en prenant le prétexte qu'avait employé le duc d'Orléans, que l'énumération des voix n'avait pas eu lieu avant l'enregistrement de l'édit.

M. de Lamoignon observa que jamais on ne faisait l'énumération des voix, le roi étant présent à la séance; que cette formalité n'était remplie qu'en l'absence du monarque pour constater les faits.

Le même jour, le duc d'Orléans fut exilé dans ses terres. Les rédacteurs de la protestation, tous conseillers du parlement, furent également exilés dans les provinces.

Messieurs Sabattier et Fréteau obéirent; mais messieurs Duval-Despréminil, et Goislard se réfugièrent au sein du parlement où on leur promit protection ; mais le 5 mai suivant on les enleva de force.

Le 21 novembre, le roi manda une grande députation du parlement à Versailles, et lui témoigna son extrême surprise de ce qu'il avait déclaré le jour avant, n'entendre prendre aucune part à un enregistrement qu'il avait donné volontairement, et qui n'avait été prononcé qu'après avoir entendu pendant sept heures les avis et opinions de tous les membres qui voulurent bien les donner, et après que la pluralité des voix et suffrages se furent déclarés pour l'enregistrement de son édit.

Le premier président fit la réponse suivante au roi au nom du parlement : Sire, la douleur publique a précédé votre parlement au pied du trône. Le premier prince de votre sang est exilé. On cherche vainement quel tort il peut avoir. Est-ce un crime d'avoir dit la vérité au sein de la cour des pairs? Si le duc d'Orléans est coupable, nous le sommes tous. Il était digne du premier prince de votre sang, de vous représenter que vous transformiez une séance royale en lit de justice. Sa protestation n'a fait qu'énoncer nos sentimens. Votre parlement supplie Votre Majesté de n'écouter que son propre cœur. La justice avec l'humanité consolées par le retour du duc d'Orléans, effaceront un exemple qui finirait par opérer la destruction des lois, la dégradation de la magistrature et le triomphe des ennemis du nom français.

Les parlemens demandaient en même temps le rappel des deux membres exilés.

Le 22, les ducs et pairs adressèrent aussi

leurs protestations au roi dans le même séns que les parlemens.

Le 9 janvier 1788, Louis XVI étant accablé des remontrances des parlemens, répondit enfin qu'il ne jugeait pas convenable de déférer aux instances qui lui étaient faites, et qu'il trouvait indiscrètes les expressions des dernières remontrances.

Le 17 avril, le roi ayant suivi les avis de son conseil, prit la résolution de répondre à de nouvelles remontrances des parlemens, et particulièrement à celui de Paris, sur l'objet contesté dans la séance du 19 novembre passé; il convoqua les chambres à Versailles, se rendit dans leur sein et prononça un discours dont je donne un résumé :

« Messieurs, lorsque je viens à mon par-
« lement, c'est pour entendre la discussion
« de la loi que j'y apporte et me déterminer
« sur l'enregistrement avec plus de connais-
« sance de cause. C'est ce que j'ai fait le 19
« novembre dernier. J'ai entendu tous les
« avis; il n'est nécessaire de les résumer que
« lorsque je n'assiste pas à vos délibérations.

« Tout est légal dans la séance du 19 no-
« vembre dernier. Les délibérations ont été
« complètes, puisque toutes les opinions ont
« été entendues. »

Les parlemens des provinces, soutenus par l'opinion publique, redoublèrent leurs protestations dans les termes les plus énergiques et propres à exciter les haines contre la cour.

Le 21 avril, le parlement du Dauphiné surpassa tous les autres; il menaça de séparer cette province de la France. Cette protestation fut non seulement portée avec emphase dans les colonnes du Moniteur, mais encore dans des écrits colportés dans les campagnes.

Louis XVI, voyant le trône dans un danger imminent, rassembla les principaux chefs de la magistrature et ses autres conseillers pour concerter avec eux les moyens de sauver l'état.

Dans les divers plans qui furent proposés, on adopta celui de diviser le parlement de Paris en six nouvelles cours souveraines, sous le nom de *grands baillages ;* de restreindre l'autorité des parlemens, et faire tomber la considération dont ils jouissaient en procurant au peuple une justice plus prompte et moins dispendieuse; de former une cour plénière composée de membres du parlement, pour procéder à la vérification et à la publication des lois.

Le 8 mai, le roi assembla de nouveau les chambres à Versailles pour leur communi-

quer ses projets ; cette assemblée portait le
nom de lit de justice. Les chambres e t les
grands dignitaires étant assemblés, Louis **XVI**
prononça un discours portant en substance
ce qui suit :

« Messieurs, il n'est point d'écart auquel
« mon parlement de Paris ne se soit livré
« depuis une année. Non content d'élever
« l'opinion de chacun de ses membres au ni-
« veau de ma volonté, il a osé faire entendre
« qu'un enregistrement auquel il ne pouvait
« être forcé, était nécessaire pour confirmer
« ce que j'aurais déterminé, même sur la de-
« mande de la nation.

« Les parlemens des provinces se sont per-
« mis les mêmes prétentions, les mêmes en-
« treprises.

« Il résulte que les lois intéressantes et dé-
« sirées ne sont pas généralement exécutées,
« que les meilleures opérations languissent ;
« que le crédit s'altère, que la justice est in-
« terrompue ou suspendue, qu'enfin la tran-
« quillité publique pourrait être ébranlée.

« Je dois à mon peuple, je dois à moi-
« même, je dois à mon successeur d'arrêter
« de pareils écarts. J'aurais pu les réprimer ;
« j'aime mieux en prévenir les effets.

« J'ai été forcé de punir quelques magis-
« trats ; mais les actes de rigueur répugnent
« à ma bonté, lors même qu'ils sont indis-
« pensables.

« Je ne veux point détruire mes parle-
« mens, mais les ramener à leurs devoirs, à
« leurs institutions.

« Je veux convertir un moment de crise à
« une époque salutaire pour mes sujets ; com-
« mencer par la réforme de l'ordre judiciaire
« et celle des tribunaux qui doit en être la
« base, et procurer aux justiciables une jus-
« tice prompte et moins dispendieuse ;

« Confier de nouveau à la nation l'exercice
« de ses droits légitimes, qui doivent toujours
« la concilier avec les talens... »

M. le garde des sceaux, après le discours du
roi, lit l'analyse des modifications à faire dans
la justice, ainsi qu'il suit :

1° Sur l'administration de la justice ;

2° Sur la suppression des tribunaux d'exception ;

3° Sur l'ordonnance criminelle ;

4° Sur l'édit de la réduction d'office dans la
cour du parlement de Paris ;

5° Sur un édit portant établissement d'une
cour plénière.

M. le garde des sceaux annonça ensuite, de la part du roi, que sa majesté avait adopté les états-généraux et qu'elle fixerait à cet effet, l'époque de convocation.

Le parlement de Paris s'opposa encore à ces modifications, cet exemple fut imité par les parlemens des provinces, particulièrement parce que l'institution de la cour plénière n'admettait dans la nouvelle cour que la seule grand' chambre du parlement pour procéder à la vérification et à la publication des lois, en les réunissant aux princes du sang, aux pairs du royaume, aux maréchaux de France, aux grands officiers de la couronne, aux chefs des armées et des municipalités, aux magistrats des parlemens de province, de la chambre des comptes, de la cour des aides et du Châtelet.

Pendant les vacances des notables, la cour plénière, pouvait discuter et délibérer sur toutes les affaires de l'état, sauf rectification par l'assemblée des états-généraux.

L'institution de cette cour fit beaucoup de bruit dans Paris et les provinces, partout on la contestait, ainsi que toute autre administration que celle des états-généraux;

La noblesse et le clergé faisaient les plus

fortes remontrances en faveur de ce nouvel état de choses. On peut en juger par la déclaration de la noblesse bretonne, insérée dans l'*introduction du Moniteur, folio* 198.

« Nous soussignés, membres de la noblesse de la province de Bretagne, déclarons infâmes ceux qui pourraient accepter quelque place, soit dans l'administration de la nouvelle justice, soit dans les administrations de l'état, qui ne seraient pas avouées par les lois constitutionnelles de la province. »

Le 10 mai, le parlement de Rennes, séance tenante, prit divers arrêtés, au nombre desquels il y en avait un qui défendait l'entrée du palais de cette ville à tous ceux qui iraient, au nom du roi, profaner le temple de la justice.

Des commissaires du roi, en allant au parlement, furent hués par la population ; et les cris de vive le parlement! ne cessèrent de se faire entendre. Ces commissaires allaient être massacrés par la populace, lorsque le régiment de Rohan arriva et les délivra.

A la suite de cette affaire, des membres de la noblesse provoquèrent à des combats particuliers les officiers de ce corps, et il y eut des victimes des deux côtés. Pendant plusieurs jours, cette ville fut le théâtre de scènes affligeantes.

Plusieurs autres villes furent témoins d'événemens à peu près de ce genre et pour les mêmes causes.

Les parlemens, dans leurs protestations, n'attaquèrent jamais directement Louis XVI ; mais ils attribuaient tout aux courtisans et à ses conseillers. Ceux-ci, d'après les protestations, avaient le caractère du pouvoir comme si Louis XVI n'avait rien été. Ce pouvoir voulait tyranniquement renverser les lois et la justice ; les impôts ne devaient servir qu'au luxe de la cour.

Comme la plus grande stagnation régnait dans tout le royaume, que la justice était suspendue, que les impôts ne se percevaient plus, que l'état ne pouvait pas satisfaire à ses besoins, Louis XVI s'adressa au clergé pour l'aider à la libération de l'état.

Mais comme cet ordre savait que les parlemens voulaient le détruire à cause d'une certaine rivalité qu'il y avait entr'eux, et craignant de succomber devant cette puissance rivale qui voulait dominer partout despotiquement, forma des assemblées pour délibérer sur la demande du roi. Le bas clergé, c'est-à-dire, les pasteurs des villes et des campagnes, donna constamment ses avis pour la libération des dettes de l'état; mais il fallait des années pour l'effectuer, car le clergé était obéré malgré les biens immenses qu'il avait à sa disposition, et la situation des choses exigeait un prompt remède.

Le haut clergé ne voulant pas passer sous le joug des parlemens ne partagea pas l'opinion du clergé inférieur ; cependant le respectable, M. de Boisgelin , archevêque d'Aix, dont on parle si avantageusement, et qui mérite une si belle page dans l'histoire, ne cessa avec quelques autres membres de proposer tous les sacrifices qui pouvaient dépendre de leur ordre.

Le 15 juin, le clergé fit enfin connaître son opinion; mais au lieu du sacrifice qu'on lui demandait sur le champ , il n'offrit que des secours en numéraire croyant éviter les pièges des parlemens.

Je ne rapporterai pas tout ce qu'il y avait d'acerbe dans les déclarations du clergé, je ne citerai que les passages suivans :

« ......Les ministres de la religion sont établis par l'église, et reconnus dans l'état gardiens et dispensataires des biens consacrés à Dieu, pour les employer à leur destination.

« Lorsque les besoins de l'état paraîtront exiger des secours auxquels le clergé peut contribuer, il réglera lui-même ceux qu'il doit offrir à l'état... »

L'arrêté du clergé était terminé par un manifeste contre la subvention territoriale, contre la cour plénière, et enfin par la demande de la convocation des états-généraux.

Le roi répondit :

« Je vois, par les remontrances du clergé,
« qu'il n'a pas saisi mes véritables intentions
« dans l'interprétation qu'il a donnée à plu-
« sieurs articles de mon édit portant établis-
« sement de ma cour plénière.

«.......Je n'ai désiré d'uniformité que pour
« les lois qui, devant être communes à tout le
« royaume, ne peuvent, sans inconvéniens,
« être différentes ou diversement modifiées. »

Le 8 août, Louis XVI ayant perdu tout espoir, du côté du clergé, fixa la tenue des états-généraux au 1er mai 1789.

M. Loménie de Brienne fut obligé de donner sa démission, et M. Necker lui succéda aux finances.

Comme le royaume ne pouvait pas rester en cette situation jusqu'au 1er mai les notables furent rappelés à Versailles pour remédier aux maux de l'état et délibérer

sur le mode de convocation des états-généraux.

DEUXIÈME CONVOCATION.

Première assemblée des Notables.

Le 6 novembre, les notables étant assemblés , M. Necker soumit à leurs délibérations
un travail sur l'impôt et un autre sur le mode
de convocation.

Deuxième et dernière assemblée des Notables.

Le roi se rendit à l'assemblée pour la félici-
ter de son zèle et de l'utilité de ses travaux.

Il annonça ensuite qu'il allait faire préparer
tout ce qui pourrait accélérer la convocation
des états-généraux qu'il attendait avec im-
patience, assuré qu'elle porterait un remède
prompt et efficace aux maux de l'état. Pendant
la session , les officiers des cours reprirent
leurs fonctions.

DEUXIÈME SESSION DES NOTABLES.

Le 27 décembre , le roi rendit une ordonnance portant que les députés aux états-généraux seraient au moins au nombre de mille ,
et que le nombre des membres du tiers-état

serait égal à celui de la noblesse et du clergé réunis. Le chiffre des députés s'éleva à douze cents, en sorte que la représentation nationale était presque double de celle d'aujourd'hui, et la population n'était que de vingt-six millions d'ames.

L'ordonnance du roi en faveur du tiers-état ou de la double représentation, au lieu d'apaiser les troubles, ne fit que les augmenter.

Les parlemens, qui avaient demandé les états-généraux avec tant d'instances, changèrent tout-à-coup d'avis et de langage, ils levèrent aussi le masque de leur popularité devant la double représentation qui émancipait le peuple des droits qu'ils avaient sur lui.

Le parlement de Paris voulait les états-généraux; mais avec le privilège de 1614, dans lesquels on votait par ordre et où le tiers-état n'était représenté que par des membres du parlement, du baillage et présidiaux.

Celui de Grenoble ne voulait pas non plus des états-généraux tels que Louis XVI les accorda avec la double représentatition.

Celui de Besançon n'en voulait pas non plus et fit arrêter trente-deux individus qui criaient avec d'autres citoyens : Vive le tiers-état! et proclamaient les états-généraux.

Enfin, presque tous les autres parlemens étaient dans les mêmes dispositions. Pour se venger, ils protestèrent avec plus de virulence que jamais contre l'établissement de la cour plénière, et la réduction d'office de la cour du parlement de Paris. Ils ajoutèrent à ces protestations la demande du rappel des deux membres exilés et de celui du duc d'Orléans. Ils accusaient Louis XVI d'être l'auteur des troubles par sa double représentation. Le peuple, de son côté, accusait aussi les parlemens, et souvent le roi.

M. Loménie de Brienne ayant demandé le concours des hommes éclairés sur la tenue des états-généraux, il parut aussitôt un grand nombre d'ouvrages qui préparèrent les opinions à un changement général et qui contribuèrent aussi à des haines contre les parlemens par leurs écrits sur leurs prétentions contre les états généraux.

M. l'abbé Siéyès posa les trois questions suivantes :

Qu'est-ce que le tiers-état ? — Tout.

Qu'a-t-il été jusqu'à présent dans l'ordre politique ? — Rien.

Que demande-t-il ? — A y devenir quelque chose.

M. Desmeunière publia un ouvrage avec cette épigraphe :

L'avantage du peuple est la suprême loi.

On remarquait aussi dans cet écrit les passages suivans :

« Pour quel motif le parlement de Paris a-t-il donc demandé les états-généraux sous la forme de 1614? Est-ce à titre d'antiquité? Il est des formes plus anciennes : est-ce comme analogue à l'état présent? les faits y sont contraires, comme l'arrêt du conseil du 5 octobre l'a solidement prouvé.

« Quel est d'ailleurs le droit du parlement de Paris à prescrire les formes des états-généraux? Il n'est point chargé des pouvoirs de la nation, et il a reconnu lui-même son incompétence : voudrait-il se rétracter, et revenant contre un aveu arraché, il est vrai, par la nécessité, reprendre ses prétentions antérieures? »

C'est sous ces auspices que l'on entra en 1789; c'est au commencement de cette année, à jamais mémorable, que des réunions clandestines, connues sous le nom de clubs ou comités commencèrent à s'établir dans les provinces et correspondaient avec celles qui étaient établies à Paris, selon l'opinion la plus commune des hommes politiques et des écrivains les mieux informés.

Ces clubs tiraient leur origine de ceux déjà établis en Angleterre, au commencement de 1783, dont le prétexte était la liberté des peuples, et le véritable but, de venger leur gouvernement sur Louis XVI à cause de son épuisement, de la perte de ses colonies, et de ce que le roi de France lui avait imposé par le traité du 30 novembre 1782 de reconnaître états libres, souverains et indépendans, les États-Unis de l'Amérique : traité signé le jour précité à Versailles, d'une part :

Par Richard d'Oswald, pour le roi d'Angleterre. De l'autre :

Par MM. Franklin, Benjamin Adams, John, Jay et Henry Laurent, pour l'Amérique.

De tous les clubs établis en France, le plus important et le moins connu de tous, fut celui de Valois.

Le 11 févier 1789, il fut établi, sous cette dénomination au Palais-Royal, passage de Valois, n° 177, dans un local loué par MM. Frestel et Menneville, sous la présidence du duc d'Orléans.

Malgré sa nouveauté apparente, tout porte à croire qu'il était plus ancien, puisque, dès le jour de l'établissement, il était composé de cent vingt-quatre membres, au nombre desquels il y avait des princes et ambassadeurs étrangers.

On a compté dans ce club, non seulement des princes, ministres, ambassadeurs, envoyés extraordinaires, secrétaires d'ambassade, consuls et vice-consuls des puissances étrangères près la cour de France, mais encore les membres les plus influens du gouvernement anglais, des banquiers de diverses nations, des généraux et colonels de divers corps au service de France.

Ce club avait aussi auprès du roi et de la famille royale, des princes, des ministres, des membres du grand conseil du roi, du conseil extraordinaire, du conseil d'état, et de celui des finances ; les gouverneurs de presque toutes les maisons royales, des gouverneurs de provinces, des généraux en chef des armées de terre et de mer, des chefs de généralité de province, des généraux et colonels de différens corps, des capitaines aux gardes du roi, des officiers civils et militaires de toutes les classes, des évêques et autres notabilités ecclésiastiques, trente-trois membres du parlement de Paris, des présidens de différentes cours, quarante-neuf députés à la première assemblée des états-généraux, sans compter ceux qui furent admis après.

Enfin, on comptait au club de Valois : des receveurs-généraux et régisseurs, des surintendans de finances, des payeurs de rentes, des banquiers français, des membres de l'académie, des écrivains, des journalistes et jusqu'à l'inventeur de l'instrument qui a tranché la tête à Louis XVI.

On comptait aussi parmi les princes, souverains et autres étrangers :

Le prince Maximilien, des Deux-Ponts, 82e membre, fondateur du club [1].

Le prince de Calvaruso, 53e membre du club, admis par les fondateurs.

Le prince de Monaco, 81e membre, fondateur du club.

Le prince Emmanuel de Salm-Salm, 66e membre, admis par les fondateurs.

Le prince de Nassau-Sièguen, 1er membre, du club, admis par les fondateurs.

Le prince Charles de Hesse, 62e membre fondateur du club.

---

[1] Le nom de fondateur désigne les fondateurs du club et ceux qui faisaient partie des 124, le jour de son établissement, le 11 février 1789.

Le prince Géorges de Hesse, 104ᵉ membre du club, admis par les fondateurs.

Les ministres plénipotentiaires, ambassadeurs et envoyés extraordinaires près la cour de France.

M. Huymann, ministre de l'empereur d'Autriche et du roi de Prusse, 366ᵉ membre du club, admis par les fondateurs.

M. Morris, ministre des État-Unis de l'Amérique, 238ᵉ membre du club, admis par les fondateurs.

M. de Fitz-Gérald, ministre plénipotentiaire d'Angleterre, 266ᵉ membre du club, admis par les fondateurs.

M. Dorset, ambassadeur d'Angleterre, 3ᵉ membre, fondteur du club.

M. de Simolin, ambassadeur de Russie, 25ᵉ membre du club, admis par les fondateurs.

M. Souza-de-Couthinto, ambassadeur de Portugal, 204ᵉ membre du club, admis par les fondateurs.

M. le baron Staël-Holstein, ambassadeur de Suède, 116ᵉ membre du club, admis par les fondateurs.

M. le marquis de Spinola, envoyé de la république de Gènes, 119ᵉ membre du club, admis par les fondateurs.

M. le baron de Blôme, envoyé extraordinaire du roi de Danemarck, 135e membre du club, admis par les fondateurs.

M. le comte de Salmour, envoyé de l'électeur de Saxe, 26e membre du club, admis par les fondateurs.

M. Tronchin, envoyé de la république de Genève, 206e membre du club, admis par les fondateurs.

M. le chevalier de Capello, envoyé de la république de Venise, 138e membre du club, admis par les foudateurs.

M. le chevalier Pio, secrétaire d'ambassade du roi de Naples, 359e membre du club, admis par les fondateurs.

Parmi d'autres membres influens de l'Angleterre, de l'Autriche, et de la Prusse, on comptait encore d'autres personnages qui me paraissent étrangers, tels que le duc de Dewonshire, deux Stuart, deux Fitz-Gérald, deux milords Scheldon, deux Guimps, le milord Boyd, le comte O. Tool, le comte de Diesbach, le comte et le colonel Wall, les Gosmo-Gordon, Guning, Cope de Crafort, de Croby, Rzewusky et Eschery, chambellan du roi de Prusse.

Enfin, l'effectif du club était de cinq cent vingt-quatre membres. Quelques-uns m'ont affirmé n'y être entrés que comme observa-

teurs et n'avoir jamais figuré dans les événemens hostiles de la révolution : j'accepte vo-
lontiers leurs témoignages en désirant que
l'avenir puisse les justifier.

Dans la première assemblée générale du club
de Valois, on décida que le nombre des membres serait augmenté de cent nouveaux, et que
cinq commissaires et quinze électeurs du club
procéderaient à leur nomination.

On annonça que chacun des membres avait
droit d'en nommer un nouveau, afin de porter la société à deux cent cinquante membres ;
on procéda ensuite, par la voie du scrutin, à
l'élection de cinq commissaires, pour dresser
les statuts et réglemens.

Dans la seconde assemblée générale, MM.
les commissaires rendirent compte de leur travail, et firent lecture d'un projet d'engagement
à souscrire par les sieurs Frestel et Menneville.

Après avoir examiné si le club s'adminis-
trerait lui-même, ou serait laissé à l'entreprise,
le dernier parti fut adopté à la presque unanimité ; parce que le zèle, les soins assidus des
entrepreneurs pour l'embellissement, les dé-
corations et les commodités du local avaient
justifié cet arrêté.

Le 27 février, par délibération de la troisième assemblée , il fut décidé que le nombre des membres du club serait augmenté de cent nouveaux : et , pour y procéder , on nomma vingt électeurs, parmi lesquels les cinq commissaires se trouvaient.

Le 3 mars , la délibération du 27 février fut mise à exécution ; et les noms des nouveaux membres furent proclamés.

Le 15 avril , la cinquième assemblée générale , adopta unanimement le 10me article du réglement, concernant l'admission , au club , des députés de l'assemblée nationale (qui devaient être convoqués) sans payer de cotisation et sur la simple présentation d'un membre de l'assemblée.

MM. les commissaires ayant mis sur le bureau le projet du réglement dont ils avaient été chargés , avec invitation à l'assemblée de nommer vingt-cinq nouveaux commissaires pour l'examiner, le modifier et rédiger, il fut décidé unanimement que les vingt-cinq électeurs nommés dans la troisième assembée , le 27 février, seraient chargés de cet examen.

Il fut encore arrêté dans cette séance , que les électeurs seraient autorisés à compléter les cent nouveaux membres qu'ils avaient dû

nommer et y ajouter le nombre qu'ils juge-
raient convenable.

Enfin, MM. les commissaires ayant fini leur
travail sur les réglemens, M. le président indi-
qua l'assemblée générale des membres du club
au 7 novembre suivant.

Avant d'écrire les événemens qui ont suivi
le 15 avril jusqu'au 7 novembre, je rapporterai le résultat de l'assemblée générale qui vient
d'être indiquée.

MM. les commissaires, après avoir déposé
sur le bureau le travail dont ils avaient été
chargés, à l'unanimité des membres du club,
sur les statuts et réglemens, suivant les décisions des assemblées 11 février, 5 mars et 15
avril, M. le duc d'Orléans, premier membre
fondateur du club et président, fit lecture des
réglemens, qui, après quelques amendemens,
furent approuvés dans leur contenu ; et l'assemblée en ordonna la pleine et entière exécution ainsi qui suit.

RÉGLEMENS

DU CLUB DE VALOIS.

CHAPITRE PREMIER.

Destination du club en général et des différentes parties du local en particulier.

L'objet du club étant de réunir, au milieu d'une société choisie dans les différentes classes des citoyens, tout ce qui peut concilier l'instruction avec l'agrément, les loisirs avec la dignité, et les commodités de la vie avec les lois de l'ordre et de la décence, la distribution du local sera faite de la manière suivante, et l'on observera dans chaque partie l'ordre qui va être prescrit.

ARTICLE I.

A l'une des extrémités de l'appartement du premier, sera un cabinet consacré à la lecture, dans lequel on trouvera les gazettes, journaux, papiers publics, dictionnaires, enfin tous les livres dont le club pourra faire l'acquisition. On y trouvera des tables, de l'encre, du papier, des plumes; et toute conversation à haute voix sera interdite dans cet endroit.

ARTICLE II.

Les trois pièces qui suivent seront salons d'assemblées et de conversation.

ARTICLE III.

Il y aura des tables d'échecs et de dames dans la salle qui est à l'extrémité de l'appartement, et l'on n'y jouera aucun autre jeu.

ARTICLE IV.

Au second, à côté du billard, il y aura une salle dans laquelle on pourra jouer aux échecs, aux dames, au trictac, au piquet, au wisth, au tresser, au reversie, au boston et à l'hombre.

ARTICLE V.

Tout autre jeu sera proscrit. Tout membre qui serait surpris à le jouer, sera rayé du tableau, et exilé de la société ; et il est enjoint aux entrepreneurs de le dénoncer par affiche sous peine de cinquante louis d'amende qui seront remis à la société philantropique.

ARTICLE VI.

On paiera chaque jeu de carte trois livres ; trois livres par séance au trictrac, et rien aux échecs-et aux dames, soit qu'on ait joué dans la salle du premier étage ou dans celle du second.

ARTICLE VII.

Il y aura au second deux salles, dans lesquelles les membres du club pourront dîner ou souper, recevoir les étrangers et même leur donner à manger.

ARTICLE VIII.

Il sera néanmoins permis de donner à déjeuner et d'établir un souper (tant qu'il n'y aura rien de chaud) dans l'appartement du premier, dans la seconde antichambre.

ARTICLE IX.

Dans cette antichambre, sera une boîte destinée à recevoir les lettres pour la grande et la petite poste, que les entrepreneurs du club feront porter exactement à l'une et à l'autre.

ARTICLE X.

Le club sera ouvert avant le jour, et approprié une heure après le lever du soleil. Passé minuit, le cabinet de lecture et le premier salon d'assemblée qui l'avoisine, resteront seuls ouverts.

ARTICLE XI.

L'abonnement de chacun des membres du club est de quatre louis : et en payant la souscription, il sera tenu de donner six livres pour les profits des garçons.

ARTICLE XII.

En considération des dépenses qu'a nécessité l'établissement du club, toutes les personnes qui auront été reçues depuis le 1er janvier 1789 jusqu'au dernier juin inclusivement, seront tenues de renouveler leur abonnement au 1er janvier 1789, et toutes les années suivantes au premier janvier.

ARTICLE XIII.

Les personnes reçues depuis le 1er juillet 1790, ne seront tenues de renouveler leur abonnement que tous les ans à dater du jour de leur entrée au club.

CHAPITRE DEUXIÈME.

Des Assemblées générales.

Dans une association dont le but n'est pas d'un intérêt extrême pour chacun des membres qui la composent, les assemblées générales sont toujours négligées lorsqu'elles sont fréquentes ; et comme il est à souhaiter pour l'avantage de la société, que ces assemblées soient composées du plus grand nombre de membres possible, il a paru convenable de n'avoir qu'une assemblée générale fixe tous les ans, en en convoquant d'extrordinaires, toutes les fois qu'elles seront désirées, et d'adopter à cet égard les dispositions suivantes.

ARTICLE I.

Il y aura chaque année, dans le courant de novembre, une assemblée générale de tous les membres du club.

ARTICLE II.

On arrêtera dans ces assemblées générales annuelles, la confirmation des réglemens qui auront été observés l'année précédente, et les changemens à y faire.

ARTICLE III.

On y procédera à la nomination des commissaires pour l'année suivante.

ARTICLE IV.

On fixera le nombre des membres du club pour l'année suivante.

ARTICLE V.

Lorsque les affaires n'auront pas été terminées en une séance, l'assemblée générale sera prorogée pour autant de séances qu'il conviendra aux membres de la société.

ARTICLE VI.

Indépendamment de ces assemblées générales, les commissaires en convoqueront d'extraordinaires toutes les fois qu'ils le jugeront à propos.

ARTICLE VII.

Sur une simple réquisition signée de douze membres et qui aura été publiquement exposée pendant huit jours, les commissaires seront tenus de convoquer une assemblée générale.

ARTICLE VIII.

Les membres qui feront ces sortes de réquisitions ne seront tenus d'en annoncer l'objet que lorsqu'il sera question d'un changement dans les statuts et dans l'ordre continuatif de la société; ils l'annonceront en termes généraux, sans spécifier quel article des statuts ils veulent attaquer, et quelle proposition ils doivent faire.

ARTICLE IX.

Toute assemblée générale sera présidée par les commissaires.

ARTICLE X.

On ne pourra s'occuper, dans cette assemblée d'aucun autre objet jusqu'à ce que la proposition qui l'aura fait convoquer aura été entendue, discutée et jugée. Lorsque plusieurs propositions seront portées à la même assemblée, elles seront rangées suivant l'ancienneté de date de chacune ; et les commissaires ouvriront l'assemblée en annonçant l'ordre du jour, dont il ne sera pas permis de s'écarter.

ARTICLE XI.

Si, dans la discusion qui pourrait s'y élever, quelque membre se laissait emporter par trop de chaleur, et proférait quelques expressions indiscrètes et peu mesurées, le président, les commissaires ou l'assemblée par acclamation pourront le rappeler à l'ordre.

ARTICLE XII.

Toutes les questions seront décidées à la pluralité des voix, et une voix seule formera cette pluralité.

ARTICLE XIII.

On opinera sur les choses à haute voix, et sur les personnes par scrutin ; et cependant le scrutin aura lieu, même à l'égard des choses, toutes les fois qu'il sera demandé par douze membres.

ARTICLE XIV.

Dans les assemblées générales fixes ou extraordinaires, chaque membre de la société pourra faire les propositions qu'il jugera utiles, et l'on en délibérera dans la forme qui sera fixée au chapitre des délibérations ; mais les réglemens une fois adoptés, ne pourront être changés que dans l'assemblée générale annuelle du mois de novembre.

ARTICLE XV.

Tous les réglemens qui n'auront pas été changés dans l'assemblée du mois de novembre de l'année précédente, seront censés confirmés implicitement, et continueront d'avoir leur exécution pendant tout le cours de l'année.

CHAPITRE III.

De la manière de délibérer et de recueillir les opinions.

Après avoir fixé les époques des assemblées générales et les causes qui peuvent en pro

duire d'extraordinaires, il est important de
fixer la manière dont on y procédera aux différentes délibérations qui auront lieu dans
ces assemblées, et l'on se conformera à cet
égard aux règles suivantes.

ARTICLE I.

On ne procédera à aucune délibération
quelconque que tous les membres de la société ne soient assis.

ARTICLE II.

Lorsqu'on aura pris place et que la délibération sera commencée, la porte de la salle
d'assemblée sera fermée en dedans, et ne
sera ouverte qu'après que l'on aura statué
sur l'objet mis en délibération.

ARTICLE III.

Lorsqu'une motion aura été proposée à
l'assemblée, il ne pourra être délibéré sur
aucune autre avant qu'il n'ait été statué sur
la première et sur tous les amendemens qui y
seront relatifs.

ARTICLE IV.

S'il y avait concurrence entre plusieurs
motions, la question de l'ordre dans lequel il
devra être délibéré sur chacune de ces motions,
sera la première sur laquelle l'assemblée déli-

bércra. Dans le nombre des questions d'ordre, et qui doivent avoir la préférence sur toute autre, se trouve toujours comprise, lorsqu'elle est élevée, la question de savoir s'il y a lieu à délibérer ou non, sur la motion dont il s'agit.

ARTICLE V.

La question d'ordre sera décidée par le président seul, lorsqu'il n'y a pas de réclamation ; mais s'il s'élève des réclamations contre la décision du président, et que ces réclamations soient appuyées par dix membres de l'assemblée, on délibérera sur la question d'ordre elle même dans les mêmes formes qui auront lieu pour les délibérations relatives aux motions principales.

ARTICLE VI.

Le président sera chargé de maintenir l'ordre dans l'assemblée, et de réduire les questions, ainsi qu'il sera dit ci-après. Le président ne donnera point de voix dans le cas où la question sera décidée sans que son suffrage soit nécessaire ; mais dans le cas où les voix seraient partagées absolument par moitié, le président donnera sa voix pour les départager.

ARTICLE VII.

Lorsque l'heure indiquée pour l'assemblée

sera arrivée, on ouvrira la porte de la salle d'assemblée ; la délibération commencera, et toute résolution qui y sera prise, n'y eût-il que quinze membres de la société, sera valable.

ARTICLE VIII.

Toute motion qui sera faite par écrit, sera signée d'abord par celui qui en sera l'auteur ; après il sera écrit : Nous sommes d'avis que l'on délibère sur la motion ci-dessus. Et ce n'est qu'après cette petite phrase qu'il pourra y être mis d'autres signatures.

ARTICLE IX.

Nulle motion écrite ne sera présentée à la société que lorsqu'elle aura été signée par trois personnes.

Quant aux motions verbales qui pourraient être faites dans l'assemblée même, il n'y sera jamais statué que dans une assemblée subséquente qui sera indiquée à cet effet, à moins que l'assemblée en décide préliminairement, après en avoir délibéré dans la forme ordinaire et par une pluralité des trois quarts des voix qu'il faut en délibérer sur le champ ; mais dans ce cas là, ni dans aucun autre, nulle délibération ne pourra être prise par acclamation , et l'on se conformera aux règles qui seront détaillées dans l'article suivant.

ARTICLE X.

Quand la question sur laquelle on devra délibérer aura été exposée à l'assemblée par son auteur, par celui auquel il en aura confié le soin (ou s'il ne l'a confié à personne en particulier) par le président, celui qui l'aura exposée donnera les motifs qui doivent tendre à la faire admettre ; et après l'exposition de ces motifs le président demandera si la personne n'a rien à dire sur l'objet mis en délibération. Celui qui se lèvera le premier aura la parole ; s'ils se lèvent plusieurs à la fois, le président décidera qui doit parler le premier ; et dans ce cas là , il devra toujours donner la préférence à celui qui voudra parler contre la motion ; et en cas que ceux qui se seraient proposés pour parler, veuillent le faire dans le même sens, le plus âgé aura la préférence.

Nota. Au bas de l'article il y aura un renvoi ainsi conçu :

« Cette forme a l'avantage de dispenser des longueurs qu'entraîne l'usage ennuyeux de faire un appel nominatif pour le tour d'opinions ; ce qui a l'inconvénient de provoquer à parler ceux qui n'ont encore rien à dire sur la ques-

tion que l'on traite, et de suspendre la connaissance d'un opinion qui aurait pu amener
pour tout le monde à un seul avis.

ARTICLE XI.

Lorsque le président jugera que la question
a été assez débattue, il annoncera qu'il va
réduire, et alors aucun de ceux qui auront
parlé ne pourra s'y opposer; mais ceux qui
n'auront pas encor parlé, pourront réclamer
les droits d'exposer et de motiver leur opinion.

ARTICLE XII.

Lorsque la question aura été réduite par le
président à oui, ou non, personne ne pourra
plus entrer en discussion, et il ne s'agira plus
que de donner sa voix dans une des formes
qui vont être indiquées.

ARTICLE XIII.

Alors le président pourra user de la forme
abrégée qu'il jugera convenable, pour constater le vœu de l'assemblée.

Le président pourra donc proposer, à ceux
qui sont pour l'affirmation, de dire tous ensemble, oui, et à ceux qui seront pour la né-
gative, de dire tous ensemble, non.

Nota. On lit par renvoi les mots suivans :

« Cela se paratique ainsi au parlement d'Angleterre. »

Le président pourra proposer à ceux qui sont pour l'affirmative, de rester assis, et aux autres de se lever : le président pourra encore proposer de partager la chambre.

ARTICLE XIV.

Mais si, une de ces formes ayant été employée, le président est dans le doute, ou si plusieurs membres de l'assemblée pensent qu'il est dans l'erreur sur le résultat des opinions, on prendra les voix, une à une, et c'est dans ce cas là seulement que l'on pourra avoir recours à l'appel nominatif des membres présens à l'assemblée.

ARTICLE XV.

Lorsque l'on aura été aux voix, la question sera décidée définitivement par la pluralité; mais si, avant de recueillir les voix, dix membres de l'assemblée demandent qu'elles soient recueillies par la forme de scrutin, on y aura recours. Dans tous les cas, la majorité d'une voix déterminera la pluralité, et formera le vœu de l'assemblée.

ARTICLE XVI.

S'il s'élève quelques discussions relativement à la forme des pratiques des formes ci-dessus présentées, le président en décidera ; et s'il s'élève quelques réclamations contre la décision, et que ces réclamations soient appuyées par dix membres de l'assemblée , on délibérera par la forme prescrite ci-dessus sur les réclamations.

Si les réclamations qui seraient élevées , ne sont pas appuyées par dix personnes, il n'y aura pas lieu à délibérer, et la décision du président sera exécutée.

ARTICLE XVII.

La salle d'assemblée sera disposée de manière à contenir le plus grand nombre de votans possible ; mais comme la société est trop nombreuse pour que tous les membres puissent se trouver à la fois , même dans la plus grande des salles , et comme une délibération prise par des personnes répandues dans toutes les salles de l'appartement serait nécessairement très tumultueuse, il est dès à présent convenu que ceux qui seront dans la salle d'assemblée auront seuls le droit de voter sur les objets mis en délibération , et que ce qui sera arrêté par eux, aura force de loi pour la société entière, quand même cette société deviendrait assez nombreuse pour que le nombre des membres qui ne seraient point entrés dans la salle d'assemblée, fût plus considérable que le nombre des membres qui y seraient contenus.

ARTICLE XVIII.

La porte de la salle d'assemblée sera fermée en dedans, ainsi qu'il a été dit à l'art. II, pour que personne ne puisse entrer pendant la durée des délibérations. Personne ne pourra sortir non plus pendant le cours d'une délibération commencée; à moins d'en avoir obtenu la permission du président; et dans ce cas là même, celui qui sera sorti ne pourra être remplacé par un autre, qu'après qu'il aura été statué sur l'objet alors en délibération.

CHAPITRE IV.

Des Commissaires.

Tous ceux qui composent la société ayant un intérêt égal à ce que le club soit le plus agréable pour les uns et pour les autres, chacun aura un droit égal à faire toutes les réclamations qui lui paraîtront justes. Mais ceux qui accepteront la place de commissaire, contracteront, envers les autres membres du club, l'obligation d'exercer d'une manière plus particulière la surveillance nécessaire pour que les engagemens envers le sieur Flétel, envers la société, soient remplis, et pour que les dispositions que les membres de la société auront adoptées relativement à eux-mêmes pour l'ordre et le plus grand agrément de la société, soient également suivies.

ARTICLE I.

Les noms des commissaires seront affichés sur un tableau particulier : leur emploi sera de surveiller la fidélité des entrepreneurs à leurs engagemens, de maintenir le bon ordre, l'observation du réglement, la police intérieure, d'avoir soin que la destination des différentes parties du club ne soit point intervertie ; que la lecture ne soit point troublée, que le jeu soit relégué dans l'endroit qui lui est accordé, et ainsi du reste. Ils se réuniront une fois par semaine pour conférer sur ce qui peut intéresser la société, et convoquer l'assemblée générale toutes les fois qu'ils le jugeront nécessaire.

ARTICLE II.

Lorsque le nombre des membres de la société aura été fixé dans les assemblées générales annuelles, dont il a été question au chapitre précédent, les commissaires nommeront le nombre nécessaire pour compléter celui qui aura été fixé.

ARTICLE III.

Les commissaires seront au nombre de vingt.

ARTICLE IV.

L'un d'eux sera spécialement chargé de ce qui concerne la lecture, et de prendre pour cet article toutes les mesures qui peuvent être agréables à la société.

ARTICLE V.

Les commissaires nommeront le remplacement de tous les membres de la société qui viendront à cesser d'en être, pour quelque cause que ce soit, de manière à ce que le nombre fixé pour l'année courante soit toujours au complet.

ARTICLE VI.

Les commissaires auront la faculté de faire tous les réglemens de police de la société, qui ne contrarieront point les réglemens arrêtés dans les assemblées générales; et ces réglemens seront exécutés provisoirement jusqu'à l'assemblée générale suivante.

ARTICLE VII.

Néanmoins, les commissaires seront tenus de faire afficher pendant quinze jours, et dans le cas où sept des membres de la société réclameraient contre lesdits jugemens (ce qu'ils feront connaître en inscrivant leurs noms en marge de l'affiche), les commissaires seront obligés de convoquer une assemblée générale.

ARTICLE VIII.

Les commissaires nommeront parmi eux un président et un vice-président dont la fonction sera de présider les assemblées des commissaires et les assemblées générales qui auront lieu pendant le cours de la présidence. Le président surveillera à tout ce qui concerne l'administration du club, et l'agrément de la société.

ARTICLE IX.

Les commissaires se conformeront, quant aux admissions, à ce qui sera réglé à cet égard dans le chapitre qui y est relatif.

ARTICLE X.

Les commissaires seront élus tous les ans,

ainsi qu'il a été dit au chapitre des assemblées générales , et ceux de l'année précédente seront éligibles comme les autres membres du club.

CHAPITRE V.

Composition du club et admission.

Il est important sans doute que la société soit composée de personnes qui se conviennent les unes aux autres ; mais la première base de cette société de parvenir à un certain nombre fixé au commencement de l'année , si le scrutin se faisait par boules noires et blanches , comme dans beaucoup d'autres sociétés du même genre , il arriverait qu'après avoir souvent refusé plusieurs personnes faites pour être admises , le besoin de se compléter finirait par en faire admettre de moins désirables que celles qui auraient été refusées précédemment.

Pour obvier à ces inconvéniens à remplir le but de la société, la société a arrêté les dispositions suivantes à l'égard de la composition du club.

ARTICLE I.

Ce club sera composé, chaque année, du nombre de membres qui aura été réglé par l'assemblée générale du mois de novembre de l'année précédente, ainsi qu'il a été dit au chapitre des assemblées générales.

ARTICLE II.

Les étrangers y seront admissibles.

ARTICLE III.

Nul ne pourra être proposé qu'il n'ait 25 ans accomplis.

ARTICLE IV.

Pour être admissible dans la société, il suffira d'être proposé par un des membres qui inscrira, ou fera inscrire par le secrétaire, le nom de celui qu'il proposera, avec le sien à côté, sur un tableau qui sera destiné à cet effet et placé dans une des salles du club.

ARTICLE V.

L'élection sera faite par les commissaires.

ARTICLE VI.

L'admission sera non par ballotage de choix et de refus, mais par élection. D'après le nombre qui aura été fixé par l'assemblée générale, pour la composition générale du club, le président réglera le nombre d'admissions qui devra avoir lieu chaque jour ; mais il ne pourra, dans aucun cas, le régler au-dessus de dix chaque jour d élection.

ARTICLE VII.

Le jour de l'élection étant arrivé, et MM. les commissaires rassemblés, le président annoncera le nombre des réceptions à faire ; le secrétaire mettra sur le bureau le tableau des personnes proposées et de leurs proposans. Chacun des électeurs choisira, d'après ce tableau, le nombre indiqué par le président, dont il fera une liste qu'il déposera dans le scrutin.

ARTICLE VIII.

Il faudra être au moins au nombre de onze pour faire une élection ; et si les commissaires ne se trouvaient pas réunis au nombre de onze à l'heure de l'élection, le président nommera, parmi les membres du club, le nombre de membres suffisant pour, avec les commissaires présens, composer le nombre de onze électeurs, et pas au de-là ; mais ces membres une fois admis, ne se retireront pas dans le cours de l'élection, quand même tous les commissaires arriveraient pendant l'opération : de manière que les élections ne pourront être faites par moins de onze électeurs, ni par plus de vingt-sept.

ARTICLE IX.

Aucun autre que les électeurs ne pourra entrer dens la salle où se fera l'élection tant que l'opération durera.

ARTICLE X.

Tout citoyen député à l'assemblée nationale n'aura besoin, pour être admis dans le club, que d'être présenté par un membre de la société. Tant que l'assemblée nationale durera, il ne paiera aucune contribution; et si, quand elle sera séparée, il veut entrer dans la société, il ne subira aucun ballotage : il n'est personne qui ne doive se trouver heureux de procurer quelques heures de délassement et de repos à ceux qui sont chargés du grand travail de la félicité publique, et c'est une marque de respect due à la nation que de ne pas soumettre à un scrutin particulier ceux que le scrutin des peuples aura revêtu de la confiance générale.

ARTICLE XI.

Plusieurs membres pouvant désirer la faculté de reprendre leur abonnement après l'a-

voir interrompu, il n'a pas paru juste de soumettre à un nouveau ballotage ceux qui en auraient déjà subi un premier, et à qui il aurait
été favorable ; en conséquence, il y aura deux
états constamment affichés dans le club. L'un
sera intitulé : *Liste des membres reçus dans le
club depuis sa fondation;* et l'autre : *Tableau
des membres présentement abonnés.* Quiconque
sera inscrit sur la liste n'aura besoin, pour
se faire remettre sur le tableau après quelqu'in-
tervalle que ce soit, que de payer l'abonnement.

Voici la nomenclature des journaux lus au
club :

Le journal de Paris ;
Chronique de Paris ;
Le Modérateur ;
Le Moniteur universel ;
La Gazette universelle ;
Affiches ou avis divers ;
Le Point du jour ;
Le Procès-Verbal de l'assemblée nationale ;
Le Cours des effets et du change ;
Le Courrier du Bas-Rhin ;
L'Union, ou journal de la Liberté ;
Le Courrier de Provence ;

Le Journal de la Librairie ;

Le Journal politique national ;

Le Journal de Physique ;

Le Mercure ;

Le Courrier de l'Europe ;

L'Esprit des journaux.

Journaux étrangers.

La Gazette de Bruxelles ;

La Gazette de Leyde (Hollande) ;

La Gazette de Francfort ;

La Gazette Espagnole.

Papiers Anglais.

The London's Mazarine ;

The Morning-Post ;

And Daily Advertiser ;

The London chronicle ;

The Morning Hérald.

J'ai donné un tableau du club.

Maintenant on pourra juger de l'action de ses membres par le rôle particulier de chacun d'eux sur la scène politique.

Le 23 avril, les électeurs de la ville de Paris tinrent leur première réunion pour délibérer sur les élections. Un auteur fort judicieux, M. Sylvain Bailly, dans *ses Mémoires*, t. 1, p. 14, édit. de Beaudouin frères, 1821, fait, à l'égard des électeurs des trois ordres, les réflexions suivantes :

« On remarqua que celui du tiers fut vivement applaudi par la noblesse, et peu par le clergé ; cependant quelque temps après, et vers le soir, un membre de la noblesse ayant voulu adresser un compliment au tiers-état, et disait-il, au nom de son ordre, fut désavoué par plusieurs et assez mal traité personnellement ; ce qui me fit quelque peine à cause de la division et de la mésintelligence que cela paraissait annoncer. »

Le 26, M. d'Albert, qui jouissait de l'estime des trois ordres, fut élu président avec des acclamations universelles et plusieurs fois répétées ; mais M. Target, avocat au parlement de Paris, 119e membre et fondateur du club de Valois, attaqua sa nomination sous prétexte qu'il était lieutenant civil. On recommença le scrutin, et ce même M. TARGET obtint la présidence, et eut pour secrétaire, M. Guillotin, 101e membre du club, admis par les fondateurs [1].

[1] Je réitère l'avis que j'ai donné dans ma préface, que tous les noms soulignés ou en petites majuscules serviront à indiquer le nom des membres du club qui auront déjà été mentionnés.

Le 27, M. Réveillon, propriétaire de la fameuse manufacture de papiers peints dans le faubourg Saint-Antoine, fut accusé par des instigateurs qui voulaient trouver des prétextes pour exciter la révolte des ouvriers de ce faubourg, d'avoir dit qu'il réduirait les journées d'ouvriers à 15 sous. Ce mot passa de bouche en bouche et bientôt on promena dans les rues un mannequin représentant le respectable citoyen qui faisait vivre six mille ouvriers, et avait nourri de nombreuses familles avec une tendresse toute paternelle pendant les hivers rigoureux de 1788 et 89.

Vers les deux heures de l'après-midi, après que l'on eut brûlé le mannequin au milieu des vociférations et des cris de joie, on pilla les meubles et la fabrique de papiers. M. Réveillon, pour se soustraire à la rage des furieux, fut obligé de se réfugier à la Bastille ; ses enfans se virent réduits à demander un refuge et du pain dans le voisinage.... Dans la soirée, la dévastation et le pillage duraient encore, et allaient être suivis d'un incendie, lorsque la force armée arriva. Les malheureux qui avaient été séduits par la plus atroce des calomnies, au lieu de fuir devant un grand appareil militaire, se tinrent sur la défensive derrière un retranchement et répondirent qu'ils aimaient mieux périr en combattant que de mourir de faim. Le régiment royal-cravate, les soldats du guet ou gardes de Paris, les gardes françaises ou gardes du roi recevaient à chaque instant de nouveaux renforts. Cependant leur présence et les sommations ne produisirent aucun effet. Les assiégés se voyant pressés de toutes parts, firent pleuvoir une grêle de pierres, de tuiles, d'ardoises et de pièces de charpentes sur les assiégeans ; la troupe riposta par des feux de pelotons; le sang français coula, et près de cinq cents victimes de part et d'autre, périrent dans cette journée par les effets de l'or et des intrigues.

Je vais rapporter une des particularités de cette journée qu'on lit dans l'*Histoire générale et impartiale de la révolution française, par Prudhomme*, t. III, p. 78.

« Une circonstance est à remarquer. La famille d'*Orléans* allant au château de Villers-Cottrets, vint à passer pendant l'émeute. Elle fut extrêment fêtée. On fit arrêter la gondole où était la duchesse pour l'applaudir. »

M. Dulaure rapporte, dans ses *Esquisses historiques*, t. II, p. 39:

« Cette émeute ne résulta point de l'indignation simultanée du peuple, elle fut préparée de longue main. Les commis aux barrières s'étaient aperçus que, depuis quelques jours, il entrait dans Paris un grand nombre de gens sans aveu, la police, qui en fut avertie, n'y fit nulle attention. »

M. Dulaure ajoute : « Quels intérêts ont amené ces brigands? Quel chef était assez riche pour soudoyer douze cents hommes? »

On lit aussi dans les *Mémoires de M. le baron de Besanval*, commandant en second de la force armée, *collection de Baudouin père*, t. II, p. 344.

« On y vit abonder une quantité d'étrangers de tous les pays, la plupart déguenillés, armés de bâtons, et dont l'aspect effrayant suffisait pour faire juger ce que l'on devait craindre. »

A la page 339, M. de Besanval dit : « que le coup partait de l'Angleterre, n'osant alors accuser le duc d'*Orléans*. » A la page 348, il rapporte les propos suivans d'un des brigands après qu'ils eurent été dispersés :

Il n'y a plus rien à faire à Paris, les précautions sont trop bien prises. Allons-nous en à Lyon, si nous n'avons pas là ce qu'il nous faut, nous irons à Marseille.

Et plus tard, en effet, desbrigands désolè-
rent ces deux villes.

M. Desodoards, dans son *Histoire politique
et philosophique*, t. I, p. 124, rapporte que de
l'argent avait été répandu par une main invi-
sible, et que l'on trouva dans la poche de
ceux qui avaient été arrêtés, chacun deux
pièces de 6 livres que quelques-uns avaient
dit avoir trouvées par terre. Des blessés s'é-
criaient dans leurs douleurs : « Faut-il tant
souffrir pour deux malheureuses pièces de
six livres. »

M. Désodoards ajoute la même réflexion
que tous les historiens de l'époque, que parmi
les individus mis en état d'arrestation, il y en
avait beaucoup qui ne parlaient qu'anglais.

Le 30, les employés aux barrières déclarèrent
avoir vu un grand nombre d'étrangers entrer
dans la capitale, parmi lesquels il y avait des
Anglais, des Calabriens, d'autres individus
de l'Archipel et des États-Barbresques.

Le 1er mai, les électeurs siégeant à l'ar-
chevêché sousla présidence de M. le comte
de Clermont-Tonnerre, 38e membre fondateur
du club de Valois, et ayant pour secrétaire
M. le comte Lally-Tallendal, 71e membre fondateur du même club, arrêtèrent qu'ils cor

respondraient aux états-généraux avec les députés qu'ils nommeraient.

Presque toutes les provinces avaient déjà élu leurs députés. Celle d'Artois, par l'ordre de la noblesse, nomma M. de Robespierre, à jamais célèbre dans les annales de notre histoire. Comme c'était le début de la carrière politique de l'homme qui plus tard eut entre les mains la destinée de la France, et que Napoléon, dans son incertitude, renvoya pour être jugé au tribunal de la postérité, je dois, non pour l'accuser ni le justifier, car ce seront ses aveux, ses écrits, ses actions et l'histoire, qui l'accuseront ou le justifieront, mais pour donner une idée des motifs qui l'ont dirigé dans les événemens de la révolution, rapporter quelques lignes d'un ouvrage anonyme intitulé : *Souvenirs d'un Pair de France* que les différens partis n'ont jamais pu accuser de partialité.

On lit dans ces *Souvenirs ou Mémoires*, t. I, chap. XVII, p. 334:

« Je vis entrer un jour chez moi M. de Robespierre ; sa mine était riante, son œil brillant de satisfaction ; il m'embrassa cordialement : eh bien ! me dit-il, me voici membre des états-généraux ! Ils n'ont pas voulu se ser-

www.ingramcontent.com/pod-product-compliance
Lightning Source LLC
LaVergne TN
LVHW020050210726
843507LV00015B/494